AF233523

† NOS MORTS

Fais ce que dois,
Advienne que pourra !

Paris, 17 décembre 1871.

A M. Ch. GARNIER, directeur de la *Décentralisation* de Lyon.

Combien, cher directeur, je regrette doublement, pour vous d'abord, mais surtout pour les lecteurs de la *Décentralisation*, qu'il ne vous ait pas été donné d'assister à l'émouvante, et je dirai même bien consolante cérémonie funèbre qui, ce matin, réunissait dans la vaste chapelle des Pères Jésuites de la rue de Sèvres, une foule pieusement, douloureusement recueillic.

Accourus prier pour le repos des âmes généreuses des trop nombreuses victimes de la guerre, que les écoles préparatoires, pourtant si calomniées, de Sainte-Geneviève (maison de la rue des Postes à Paris) et Saint-Clément (de Metz) peuvent revendiquer avec un noble orgueil, nous étions là bien nombreux réunis, tristes, émus profondément, gens de tous les âges, de toutes classes; professions, conditions et grades, du général (1) aux sous-lieutenants.

La rue des Postes à elle seule pleure 76 jeunes gens tués au feu devant l'ennemi; l'école de Metz 26 ! Total 102 braves enfants qui, bien courageusement, tombèrent sur les champs dc bataille pour la défense inutile de leur pays. Est-ce assez? Non, car cette sanglante hécatombe chaque jour s'accroit encore. Il en est malheureusement un trop grand nombre qui se traînent

(1) Parmi les assistants, on n'a pu voir, sans une pitié bien sympathique et une respectueuse admiration, le brave général Henrion, commandant l'école de Saint-Cyr, et dont le jeune fils compte au nombre de ces brillantes et nobles victimes !...

péniblement à la suite de leurs glorieuses blessures, épuisés par les longues et cruelles souffrances, étiolés si jeunes par les fatigues sans nom de cette épouvantable guerre. Cruel, horrible fléau ! Oh ! Puisses-tu retomber lourdement et peser à jamais comme une implacable malédiction, un anathème sur les têtes des impardonnables coupables qui furent tes ineptes instigateurs. Et combien de natures d'élite, moissonnées avant l'âge, et qui viendront successivement, bientôt peut-être, encore augmenter cette liste nécrologique déjà bien longue et douloureuse pour tant de pauvres familles frappées si cruellement dans leurs plus tendres et plus chères affections. O la guerre ! la guerre injuste, inutile surtout, quelle horreur !

La mort pour nous autres, qui déjà avançons péniblement dans la carrière, est une fatale éventualité si journalière pour les cheveux blanchissants, qu'elle nous semble chose toute simple et naturelle. Mais au printemps des jeunes années si pleines d'illusions, d'espérances et de vie, un cercueil, fût-il couvert de lauriers, emporte encore des regrets mille fois plus douloureux, plus amers.

Ces jeunes hommes intrépides, tous plus ou moins comblés des dons de la nature, de la fortune, de l'intelligence et du cœur, ces brillants officiers, pour avoir été chrétiennement élevés, furent-ils, oui ou non, de moins braves soldats ?

Et pourtant le *Siècle* et les autres journaux libres-penseurs, ces tristes précurseurs des barricadiers, des hideux communards et des pétroleuses, ont-ils assez, dans le temps et encore, aboyé, hurlé, vociféré dans leur rage, que ces infâmes *jésuitières* infestaient, pourrissaient, empoisonnaient notre brave armée..... de cléricaux !..... Qu'ils se consolent donc, car en voici 102 de moins et glorieusement couchés dans la tombe. Vraiment, la stupidité humaine est incommensurable, sans limites, la malice et la méchanceté également.

Dans l'église, trop étroite, entrait librement qui voulait. Ni carte d'invitation, ni lettre, ni mot de passe. Les citoyens Ranc ou Mottu, Bonvalet et compagnie, pouvaient tout voir et tout entendre, tout inspecter ; venir comme nous tous payer au moins d'un souvenir, d'une prière, la dette sacrée de triste et légitime reconnaissance bien due à cette fleur héroïque de la plus brillante et valeureuse jeunesse française, trop tôt fauchée, moissonnée par la mort. Mais au moins, certes ! on en conviendra, la mort des braves, pauvres chers enfants!

Le chœur, la nef, sobrement tendus de noir, présentaient une sévère disposition. Des palmes d'argent au sommet de chaque ogive, sur les draperies coupées de huit penons étoilés que surmontaient des casques et des palmes vertes, et portant, sur autant d'écussons d'azur, en lettres d'or, les noms des plus sanglantes batailles et les noms glorieux de ces courageux enfants de la France, inutilement hélas! tombés pour elle en combattant.

Au centre, un riche cénothaphe, orné de drapeaux tricolores et drapé de crêpes funèbres (nul drapeau blanc!) portait aux quatre angles des faisceaux d'armes luisantes. Des couronnes d'immortelles et des torches sans nombre complétaient la décoration.

Tout autour se pressaient à l'envi, et se plaçant avec peine, d'abord sur la droite, un très-grand nombre d'élèves de l'école Polytechnique, entremêlés avec leurs devanciers déjà dans les carrières savantes, ingénieurs, etc.

Après eux la foule studieuse, représentant les écoles *Centrales, des Mines, Normales, Forestières,* etc., affirmant ainsi, par sa présence, qu'on peut se vouer aux sciences et croire en Dieu.

Tout entière, la travée de gauche était militairement occupée par un brillant flot d'épaulettes et d'uniformes scintillants de toutes armes : marine, génie, état-major, artillerie, infanterie et cavalerie. Quelle troupe choisie! Parmi eux, que d'avenir! Près de cent *officiers élèves de Saint-Cyr,* touchant spectacle, dont plusieurs, déjà décorés, et l'un d'eux, le jeune Louis de Bouillac, ayant à peine *vingt ans,* mais qui, près du Mans, à la tête des mobiles de la Dordogne, échappa aux Prussiens *avec six blessures!* Puissent-elles au moins lui conserver son grade de lieutenant. La faveur n'est donc pour rien dans ces glorieuses, précoces et hâtives décorations, si bien gagnées par le sang versé, à un âge si tendre, où généralement on n'a pas encore heureusement passé par ces dures épreuves; mais, en temps de calamités, un chrétien devance l'appel et n'attend pas son tour de partir, la loi, l'âge et les réglements; il sait se dévouer et marche. Dieu connaît seul les dévouements qu'il inspire.

Les pères, les professeurs entouraient l'autel. Dans le chœur, se groupaient d'anciens élèves, des amis, et nous autres, parents, à bon droit fiers de nos fils valeureux. Nous savons qu'ils ont fait et feront simplement, mais courageusement leur devoir, partout et toujours! De nos mains, ils passèrent à ces bons maîtres (leurs seconds pères), qui nous élevèrent jadis dans la crainte de Dieu, et aussi, quoi qu'on en dise, dans l'amour du pays et de l'honneur. Ils firent de nous, sinon de grands hommes, ce qui est rare, même en république! au moins *d'honnêtes gens,* devenant quelque peu rares aussi par le temps qui court. Et, dans leurs mains, fructifièrent, comme un terrain fertile, ces adolescents, à preuve!..... auxquels ils ne cessent d'inculquer, avec la vraie science, la religion, seule base véritable d'une société forte. Ils développent chez eux toutes les mâles vertus de l'homme intelligent, solide et complet, aimant par-dessus tout son pays, la France, cette grande famille, trop désunie, hélas! Ils sont déjà bien nombreux sortis de cette brillante pépinière, et parmi eux s'est-il trouvé jamais un seul réfractaire, un seul transfuge? Non, jamais un lâche! tous gens de cœur et d'honneur!..... N'en déplaise au camp ennemi.

Au fond, et dans les tribunes, un peu partout, se serrait, au second plan et se pressait aussi, modeste et profondément émue, l'école actuelle, espoir de l'avenir!..... Quatre cents jeunes infatigables travailleurs, sérieux, chrétiens, et non moins impatients, eux aussi, de se dévouer, de servir et de bien faire comme leurs aînés! A leur tour ils justifieront nos espérances. Vienne l'heure fatale du danger et des nobles sacrifices qu'enfantent la tradition catholique et chevaleresque, et, pour eux, l'exemple de ceux que nous honorons ne sera pas perdu ni oublié. Eux aussi sauront intrépidement mourir devant nos ennemis, les barbares, quels qu'ils puissent être!

Qui pourrait fidèlement exprimer et rendre le sentiment unanime de commune tristesse pendant cette messe des morts, célébrée avec recueillement par le R. P. *Du Lac de Fugères,* le digne et zélé successeur du saint martyr *Ducoudray,* un des cinq otages assassinés? Mais, vous le dirai-je! je l'avoue sans respect humain, non, je n'ai pu retenir une larme d'attendrissement bien profond, malgré les chants pieux de tristesse et les lugubres gémissements de l'orgue, frémissant doucement, religieusement, sous une main habile, mais évidemment émue, elle aussi, comme l'assistance entière, lorsque là, près de moi, j'entendais à travers les feuillages dorés de la grille byzantine fermant les bas-côtés du chœur, les douloureux soupirs et les sanglots étouffés des pauvres mères navrées, des sœurs inconsolables qui, sous leurs longs voiles noirs, ne pouvaient maîtriser leurs regrets si touchants ! Que Dieu leur vienne en aide.

Ah ! pleurez, pauvres mères désolées, pleurez, belles jeunes filles en deuil ! ! ! Oui, pleurez, car vos fils, vos frères et vos fiancés n'ont pu, par leurs morts héroïques, désarmer encore, comme suprême expiation, le courroux de la justice céleste, irritée contre la France coupable. Malheureux pays, la main du Dieu vengeur ne cesse de s'appesantir sur toi, puisque tu es plus DIVISÉ que jamais, et, par cela même, toujours à la merci de tes féroces, de tes implacables ennemis du dehors, mais, ô honte ! surtout de ceux du dedans plus barbares encore.

Qui de nous, cher Directeur, pendant les émotions cruelles de cette année si dure et si longue !..... n'a souffert cruellement aussi dans ses plus tendres affections ? Qui d'entre nous, au milieu de ces terribles angoisses et durant nos épouvantables désastres, n'a frémi bien souvent malgré tous les sacrifices d'un patriotique dévouement et n'a tremblé pour un être cher allant au feu ?

Aussi faut-il avoir soi-même, et la mort dans l'âme, prié ardemment la nuit, agenouillé au chevet d'un enfant chéri et blessé cruellement ! que Dieu, dans sa miséricorde infinie, voulut bien épargner, pour ressentir, partager et comprendre toutes les poignantes douleurs de ces pauvres femmes, si tristement éplorées, et qui, plus méritantes, n'eurent pourtant pas le même bonheur.

La charité chrétienne est une belle, une admirable vertu que ne saurait comprendre l'égoïsme. Durant cette heure solennelle de prière fervente, de recueillement suprême et de muette invocation pour ceux qui ne sont plus, tous unis dans les mêmes regrets, la même foi sincère et la même pensée, nous avons charitablement prié aussi pour la France, pour toutes les pauvres familles, pour les mères infortunées, les veuves et les petits orphelins des humbles chaumières, des villes comme des châteaux, qui pleurent également leurs morts bien-aimés. Au-delà de cette pieuse enceinte nos cœurs attristés supputaient tout ce que nos affreux malheurs et des fautes impardonnables ont pu, ont dû faire couler de larmes amères. Nos âmes s'unissaient chrétiennement, fraternellement à tous ceux qui gémissent et souffrent, car le nombre en est grand.

Après l'office divin, pendant lequel toute cette jeunesse belliqueuse, ces jeunes savants, guerriers ou simples civils, mais tous si courageux, si dévoués, si fiers, et le front humblement prosterné, courbé devant l'autel et la majesté du vrai Dieu (quel tableau, quel édifiant spectacle?), adressèrent leurs évocations suppliantes vers le ciel pour leurs frères d'armes, ces glorieux combattants, ces nobles victimes du devoir accompli, Monseigneur de Limoge alors, du haut de la chaire de vérité, nous fit entendre et laissa tomber de sublimes paroles d'encouragement et, disons-le aussi, de douces et suaves consolations.

Il sut, rendant justice à la vaillance de *toute l'armée* française, et sans exception par les accents d'une mâle éloquence bien persuasive, développer avec bonheur un texte touchant du beau livre des Machabées merveilleusement en rapport avec cette lugubre solennité et si bien approprié à la situation de nos esprits.

Néanmoins, je me ferais un véritable reproche d'essayer, même d'oser tenter l'analyse pâle, incomplète et froide de cette splendide glorification du noble courage malheureux, du sang innocent de ces jeunes et héroïques vaincus, dont le Dieu vengeur saura bien un jour, lui, venger la mort déjà payée d'une éternelle et céleste récompense. Cette oraison funèbre, si touchante, mérite l'impression pour en garder les accents consolateurs. Espérons que bientôt nous pourrons la relire, car elle ne saurait être attiédie, mutilée par une plume incapable d'en résumer toute la religieuse poésie et les chaleureux élans partis du cœur.

Mais ce que je puis vous affirmer en toute assurance et non-obstant ma faiblesse, c'est, malgré le respect du saint lieu, l'électrique frémissement d'un indescriptible, d'un immense et généreux enthousiasme, presque surhumain, qui rendait, on peut le dire, palpitantes, haletantes ces jeunes et fières poitrines de militaires et de Français.

Ah! s'il eût fallu, en sortant de là, enlever une batterie prussienne ou les barricades des pétroleurs!.....

Je sais déjà que grâce à l'entière publicité de cette toute

publique fête des *regrets chrétiens*, plus d'un faux frère se glissant parmi nous, cherche à dénaturer, à empoisonner (c'est dans l'ordre) les paroles de Mgr Duquesnay. La calomnie vipérine et toujours lâche voudrait y voir un défi, une *insulte à toutes les écoles !* sous le faux prétexte menteur qu'un prince de l'Église aurait osé dire : que les élèves des jésuites *seuls* firent leur devoir ! que les *affiliés à l'ordre* seuls étaient de bons citoyens ! C'est aussi pour confondre une fois de plus l'imposture et l'ignoble perfidie, scélérate mais infatigable, que j'espère voir publier bientôt son discours dont chaque parole éloquente fut loyale, persuasive, profondément Française, et dont pas un mot ne saurait donner prise à la perverse interprétation coupable que la haine irréligieuse, comme toujours, voudrait essayer. La race des Pharisiens durera autant que le monde.

« Je fus aumônier de bien des écoles, s'est écrié l'orateur :
» j'ai pu étudier, ainsi, connaître à fond la jeunesse, et j'af-
» firme énergiquement que ceux qui suivent la loi divine ne
» manquent jamais de courage. J'ai toujours vu, disait-il,
» qu'un jeune homme pratiquant, croyant, qui prie Dieu,
» qui s'est bien préparé, confessé avant la bataille, celui-là ne
» tient *aucun compte de la mort !* et se bat toujours *admira-*
» *blement.*

» Non, jamais l'idée religieuse n'amollira les âmes, car au
» contraire, elle retrempe et fortifie encore tous les courages. »

Mais, c'est *le verre en main* et dans les joies bachiques des toasts hurlants des banquets soi-disant patriotiques que la démocratie haineuse célèbre les douloureux anniversaires de nos sanglants combats si malheureux, dont l'histoire vengeresse lui laissera la triste et coupable responsabilité. Chaque camp honore, après tout, ses morts comme il peut, à sa guise et à sa manière ! Pour nous, c'est dans le recueillement, la tristesse, par la prière et les bonnes œuvres. Bien loin d'être exclusifs, vaniteux, injustes pour ceux qui ne partagent pas nos religieuses consolations; bien loin de prétendre au monopole exclusif et ridicule du *civisme* et de la *valeur*, l'humilité est notre règle, et nous poussons la charité jusqu'à prier même pour..... *nos plus injustes et plus implacables ennemis !*

Il est vrai qu'ils s'en vengent bien en nous accusant invariablement d'hypocrisie et que pour eux la grande, la suprême injure est : JÉSUITISME !!! Après ce mot là, tout est dit.

Mais, pour Dieu, qu'ils nous accordent le droit, et nous laissent au moins la liberté de *compter en famille nos martyrs et nos preux!* le droit de nous dire qu'après tout ils firent, eux aussi, leurs *preuves!* témoignant par là que les pauvres jésuitss servent à quelque chose, puisqu'on les tue.

Ces jésuites pourtant *si dangereux!* qu'il n'est pas d'insultes journalières et sanglantes qu'on leur épargne pour les faire injustement maudire et pour les mieux vouer, tout comme la commission des grâces (dite des assassins!), aux vengeances, aux poignards, aux haines furibondes, enragées, épileptiques des frères et amis, des purs, était-il juste de les passer sous silence, d'oublier ici leur patience inaltérable devant les féroces injures et ces abjectes accusations les plus stupides. Cette bouche inspirée devait donc rappeler noblement aussi leur sainte, leur sublime abnégation, leur touchante et si paternelle tendresse, lorsque, devant les dangers qui menaçaient leurs chers enfants, ils les ont voulu suivre au combat jusqu'aux champs de carnage! Dans les ambulances, ces lamentables réceptacles affreux des plus atroces souffrances humaines, ils ne les quittaient pas, pour les consoler et panser les corps et les âmes. Ils voulaient, jusque dans ces lugubres asiles de la douleur, au milieu des amputations cruelles, trop souvent inutiles, et du râle de l'agonie, des plaintes déchirantes des mourants, remplacer près d'eux et les douces tendresses maternelles et la famille absente. Se sont-ils assez prodigués à tous les dévoûments, ont-ils tendrement pressé des mains convulsives, adouci aux prisonniers la dernière heure des pauvres moribonds en leur portant les derniers secours de notre religion sainte, sublime, ultime consolation?.....

Et pourtant contre eux les malédictions redoublent! ô peuple intelligent. Vaugirard, la rue des Postes et presque tous leurs colléges, toutes leurs maisons, si bonnes et si charitables en tous temps aux malheureux, se transformèrent en hôpitaux gigantesques, et c'est par centaines qu'ils sauvèrent de la mort nos pauvres blessés, recueillis, choyés par eux. C'est par *centaines de mille francs!* que pour eux se soldent ces dévoûments que Dieu seul inspire si purs et si persistants, que l'ingratitude, la haine inepte, idiote et satanique, ne fait que raviver sans pouvoir les lasser.

Et pourtant la canaille les a partout pillés, en récompense

de leur patriotisme, pas mal saccagés, ignoblement outragés, mais surtout beaucoup, oui *beaucoup volés !* car LE VOL, au fait, est toujours plus ou moins le fond de la question, quoi qu'on en dise. C'est triste, mais c'est ainsi.

Que n'étiez-vous-là, vous disant de bonne foi et sincères, vous tous, princes de la science athée et impie, tous réunis, vous et vos frères ou vos tristes enfants, les énergumènes fauteurs, propagateurs de ce fléau terrible qu'il fut donné à l'enfer déchaîné de déverser sur le monde : *la révolution !* Elle n'est autre que la bête, la grande bête de l'Apocalypse, c'est-à-dire l'orgueil de satan !

Et lorsque les chants de l'absoute, murmurés à *mezo voce,* raisonnaient gravement, doucement, mystérieusement, comme un triste et dernier adieu sous ces voûtes sonores, portant l'encent sacré de la prière devant le trône auguste du Dieu des armées, nous méditions sur les belles paroles inspirées du prélat. Elles retentiront toujours profondément gravées dans ces jeunes cœurs en qui fructifia la bonne semence. Quoi qu'il advienne de chaque auditeur, elles contribueront à faire un héros chrétien ! Si nous n'avons plus de roi, nous pourrons toujours au moins dire encore : Dieu et Patrie !

Heureux, nous disions-nous, pensifs, mais *fortifiés pour la lutte* et consolés en sortant de cette fête des morts reposant en Dieu: Heureux tous ceux qui prient, aiment, croient et espèrent.

Mais quel ne doit pas être au contraire le cruel scepticisme, le sombre et effrayant désespoir des infortunés qui, par ignorance, ou qui, trompés, égarés par de perverses et diaboliques séductions, n'ont d'autres croyances que le culte grossier du sensualisme ou de la matière, d'autre mobile que la haine et la rage au cœur !..... Le cruel démon de l'envie, farouche, insatiable de jalousies, les *possède* et les étreint jusqu'à la folie furieuse ! Tandis que nous, élevés dès l'enfance dans les voies si douces et si véritablement civilisatrices de la véritable fraternité des enfants de Dieu, acceptons en silence, avec espoir et soumission, les souffrances, les malheurs, les plus cruelles épreuves de cette vie. Nous croyons à la récompense éternelle des sacrifices que nous impose une volonté supérieure et toute puissante, et sans murmures nous bénissons, résignés même, la main sévère qui nous frappe et nous châtie.

Espérons donc, et des tombes de ces jeunes élus, choisis

comme autrefois les soldats de Gédéon, et de tant d'autres tombes innocentes criant aussi vengeance vers le ciel ; espérons, dis-je, que pour tout ce peuple affolé, aveuglé, trompé si cruellement, si bêtement, sortiront au moins une grande leçon, un sévère et profond enseignement *d'union* dans la douleur et les justes regrets. Que notre terre natale morcelée, appauvrie et si barbarement ravagée sans pitié par ce moderne *fléau de Dieu*, notre cruel et implacable vainqueur (lequel ose encore, lui, invoquer Dieu !) Que la France ouvre donc enfin les yeux à l'évidence, à la grandeur du péril, à l'imminence du danger qui la menace : l'Internationale hurlant à nos portes le mot de *revanche*, mot terrible, idée sinistre et que la Prusse, si barbarement victorieuse, devrait seule inspirer pour devenir son épée de Damoclès !.....

Pourquoi donc faut-il, lorsque tant de misères nous accablent, pourquoi, dans ce deuil immense de la vieille et grande nation vaincue, humiliée par l'étranger, déshonorée par les crimes de ses propres enfants, parricides et dénaturés ! pourquoi nous dévorons-nous en face de cet étranger sans pitié, sans entrailles et jaloux, qui, dans sa haine profonde, soudoie d'immondes scélérats (1), acharnés à consommer notre entière destruction ?

C'est que l'idée religieuse et les catholiques croyances, trop longtemps décriées, opprimées, bafouées par les inintelligentes mains dirigeantes d'un pouvoir au fond révolutionnaire, par les fils aveugles de Voltaire, ne viennent plus éclairer de leurs salutaires et bienfaisantes influences des masses dévoyées, perverties, et qui, loin de se frapper la poitrine à la vue de tant de maux, blasphêment et montrent le poing au ciel. Non ! tout n'est pas fini, car jamais, nous ne fûmes plus tous divisés, plus lamentablement *désunis*. Serait-ce donc pour justifier tristement le proverbe :

Tout royaume divisé périra, lequel peut encore mieux con-

(1) Une des fortes têtes de l'Internationale me disait pendant la guerre : *Guillaume, Bismarck* et *Moltke*, sanglante triade, que nous aurions pu mille fois faire assassiner, *sont au contraire nos meilleurs instruments !* Il ajoutait encore : nous avons donné consigne à Gambetta de prodiguer les grades militaires à la noblesse, *afin d'en faire tuer le plus possible*, attendu que tant qu'il restera devant nous un prêtre et un seul gentilhomme, *la République ne saurait être fondée ! ! !*

venir et s'appliquer à notre soit-disant république, véritable Tour de Babel.... Heureusement ce que Dieu garde est *seul bien gardé.*

Oui, si la parole est à la France, l'heure de la délivrance est seulement à Dieu. Et combien elle est lente à sonner pour nous à l'horloge de la divine clémence.

Il est de petits hommes que le rôle si noble et si grand de MONK écraserait; ils n'ont pas même l'étoffe de le comprendre, malgré toutes leurs habiletés, leurs finesses, que dis-je, ils en auraient peur.....

Enfants de la révolution, ils mourront *révolutionnaires*, et ce sera le premier châtiment en punition de leur orgueil.

C'est sans doute aussi encore parce que ceux qui, présentement, hélas!... pourraient *tout concilier* en nous rendant la vie avec la confiance, ceux qui tiennent dans leurs mains cette FUSION ! ! ! cette concorde salutaire, réparatrice, et qui seule peut-être pourrait sauver encore une société gangrenée, décrépite, égoïste et sensuelle; c'est que ceux-là, disons-le bien haut, de qui, humainement parlant, dépend pourtant tout notre avenir, notre salut, oui, ceux-là sans doute, portant le stigmate des fautes de leurs pères ! ! qu'il serait si facile *d'expier* et de *réparer!!* Dieu patient, parce qu'il est éternel, ne les a pas trouvés dignes d'être nos sauveurs!.....

Un ancien élève de Fribourg.

On lisait dans la *Gazette de France* du 20 décembre 1871 :

SERVICE FUNÈBRE

EN L'HONNEUR DES ÉLÈVES DES ÉCOLES PRÉPARATOIRES SAINTE-GENEVIÈVE ET SAINT-CLÉMENT, TUÉS DANS LES DERNIÈRES GUERRES.

Dimanche, une cérémonie touchante avait lieu dans l'église des Jésuites, rue de Sèvres. Un service funèbre était célébré pour les anciens élèves des Écoles préparatoires de Sainte-Geneviève de Paris et Saint-Clément de Metz, morts sur nos champs de bataille dans nos dernières guerres.

La messe a été célébrée par le R. P. du Lac, recteur de l'École Sainte-Geneviève.

Un catafalque s'élevait au milieu de l'église. Aux murs tendus de noir étaient suspendus des faisceaux d'armes et des bannières sur lesquels étaient inscrits les noms des glorieuses victimes.

Dans l'église, étaient réunis les parents et amis des élèves morts et leurs anciens maîtres; un grand nombre d'anciens élèves appartenant à l'armée ou aux carrières civiles; les anciens élèves actuellement à Saint-Cyr ou à l'Ecole polytechnique, et enfin les jeunes élèves actuels de l'Ecole préparatoire de Sainte-Geneviève.

L'absoute a été dite par Mgr Duquesnay, évêque nommé de Limoges, assisté des RR. PP. du Lac, Stumpf, Gravoueille et Matignon.

Une oraison funèbre a été prononcée par Mgr Duquesnay. La parole de l'éloquent orateur s'est montrée à la hauteur des souvenirs qu'il avait à retracer. Mais aussi quels souvenirs et quels auditeurs! Près de cent noms inscrits sur les bannières commémoratives! Les plus nobles exemples de courage et d'amour pour la France, et, réunis pour les entendre rappeler, les jeunes élèves tout prêts, comme leurs aînés, à combattre et se dévouer pour elle! Il était facile à l'orateur de prouver que la foi était la meilleure et la plus grande inspiratrice du courage et de l'esprit de sacrifice. Il n'avait qu'à citer, comme il l'a très-bien dit, ces héroïques soldats dont nous voulons rapprocher ici les noms glorieux dans un suprême hommage :

D'Adhémar (Henri), tué à Gravelotte.
Algay (Joseph), tué à Orleans.
Aubert (Henri), tué à Paris (Thiais).
Aubert (Lucien), tué à Metz.
Aubry (Georges), tué à Vendôme.
Aweng (Etienne), tué à Forbach.
Bain (Joseph), tué à Yvré-l'Evesque.
Bastien (Paul), tué à Verdun.
De Beaurepaire (Emmanuel), tué à Forbach.
De Bellevue (Jean), tué à Loigny.
Berger (Gaston), tué à Metz.
De Berghes (Pierre), tué à Sedan.
Bernardeau (Joseph), tué à Paris (Maison-Blanche).
De Boisayrault (Alfred), tué à Sedan.
De Boissieu (Gustave), tué à Orléans.
Du Bourg (Maurice), tué à Yvré-l'Evesque.
De Bournet (Joseph), tué à Reischoffen.
Boutin (Hippolyte), tué à Reischoffen.
De Boysson (Maurice), tué à Freteval.
De Boysson (René), tué à Paris (Malmaison).
De Buyer (Gaston), tué à l'armée de la Loire.
De Cléry (Charles), tué à Gravelotte.
De Cléry (Louis), tué à Reischoffen.
Costa de Beauregard (Olivier), tué à Sedan.
Couturier (Lucien), tué à Gravelotte.
Dat (Léopold), tué au Mans.
Delatte (Micolas), mort en captivité.
Didio (Robert), tué à Paris.
Domet de Mont (Edouard), tué à Paris (Montmartre).
Dubruel (Charles), tué à Saint-Privat.
Duferier (Maurice), tué à Bazeilles.
Dufour (Martial), tué à Reischoffen.
De l'Estoile (Julien), tué à Patay.
De l'Estourbeillon, tué à la prise de Rome le 20 septembre 1870.
De Falaiseau, tué à Pontarlier.

De Fromont, tué à Paris (Villiers).
De Geoffre (Jean), tué à Vendôme.
Guérey (Victor), tué à l'armée de la Loire.
De Guyon (Hubert), mort en captivité.
Hainglaïse (Alphée), tué à Metz.
Hanrion (Léon), tué à Paris.
Henry (Paul), tué à Gravelotte.
Herbin (Auguste, tué à Strasbourg.
D'imécourt (Olivier), mort à Paris.
De Kergaradeo (Robert), tué à Reischoffen.
Kerviller (Charles), tué à Droué.
De Kreuznach (Raoul), tué à Paris.
De Lafrogeolière (Renaud), tué à Bapaume.
Landry (Amédée), tué à l'armée de l'Est.
De Langle (Aldéric), tué à Reischoffen.
De Lardemelle (Maurice), tué à Metz.
De Leumière (Maurice), tué à Paris (Buzenval).
Leduc (Prosper).
Le Pomellec (Ange), tué à Metz.
Le Pot (Lionel), tué à Paris (Champigny).
De Luynes (Charles), tué à Loigny.
De Lupel (Robert), tué à Sedan.
De Malartic (Gontran), tué à Paris.
Marchand (Henri), tué à Yvré-l'Evesque.
Marguet (Joseph).
Mendouse (Fernand), tué à Paris (Saint-Denis).
Merlian (Maurice),tué à Gravelotte.
Migneret (Eleosippe), tué à Reischoffen.
De Moloré (René), tué à Paris.
De Mondion (Léopold), tué à Metz.
De Mons (Charles), tué à Dreux.
Morand (Paul), tué à Paris (Villiers).
De Murat (Gaston), tué à Paris (Buzenval).
De Mython (Armand), tué à Paris (Buzenval).
Nouaux (Henri), tué à Reichoffen.
De Nyvenheim (Auguste), tué à Gravelotte.
Philip (Joseph), tué à Strasbourg.
Pison (Auguste), tué à Beaugency.
Ponchon de Saint-André (Emmanuel), tué à Héricourt.
Du Pont de Romemont (Maurice), mort en captivité.
De Raffelis-Soissans (Casimir), tué à Metz.
Richard (René), tué à Gravelotte.
De Rodellec (Antoine), tué en Afrique.
Roux (Guillaume), tué en Afrique.
De Sailly (Olivier), tué à Gravelotte.
De Saint-Jouan (Julien), tué à Paris (Bourget).
De Saisset (Edgard), tué à Paris (fort de Montrouge).
De Saisy (Charles), tué à Brou.
De Suffren (André), tué à Sedan.
Stoffels (Ulrich), tué à Metz.
De la Taille (Timoléon), tué à Vendôme.
Tiriet (Anatole), tué à Paris.
Thiriet (Anatole), tué à Paris.

Troy (Emile), tué à Gravelotte.

Vaillant (Edmond), tué à Metz.

De Villemarest (Henri), tué à Metz.

De Vesins (Antoine), tué à Gravelotte.

De Vogué (Henri), tué à Sedan.

On peut ajouter encore :

Auguste Des Cars, mort de la poitrine à la suite des fatigues des écoles de La Flèche et de Saint Cyr ; et à combien monterait le chiffre des morts si nous savions les noms de tous ceux qui sortaient des nombreux colléges des pauvres pères insultés chaque jour !

Quelle éclatante réponse à d'indignes accusations !

En réponse à d'injustes calomnies, déjà aigrement formulées, on lisait dans le numéro du 21 :

LES ÉLÈVES DES JÉSUITES

Nous avons relu hier, avec une sincère et vive émotion, la longue liste des élèves des Ecoles préparatoires Sainte-Geneviève et Saint-Clément, tués dans la dernière guerre. (Cette liste est incomplète.)

Quelques-uns ont été nos amis d'enfance, et nous ne pouvons dire à quel point nous sommes fiers de les avoir connus.

Bien peu s'illusionnaient sur l'issu de la guerre funeste entreprise par le césarisme et continuée par la démagogie. Presque tous se rendaient parfaitement compte de l'inutilité de la lutte ; mais ils ne voyaient que l'honneur de la France, et ils ont donné leur vie sans murmurer.

L'un d'eux, Fernand Mendouse, qui avait fait partie, pendant le siége de Paris, d'un corps d'artillerie auquel nous avions l'honneur d'appartenir, nous disait avant de partir pour Saint-Denis, où il venait d'être nommé lieutenant : « Je sais bien que notre cause est perdue ; mais je sacrifierai ma vie ; il m'en coûterait trop de voir rendre Paris. »

Quelques jours plus tard un projectile ennemi le frappait à mort.

Combien d'autres, qui figurent sur cette liste glorieuse, sont tombés en héros !

De plus dignes parleront de leur belle conduite ; mais qu'il nous soit permis de répéter ce que disait hier la *Gazette* :

« Quelle éclatante réponse à d'indignes accusations ! »

Les ennemis et les calomniateurs de l'instruction chrétienne oseront-ils encore prétendre que cette instruction amollit les cœurs ?

Qu'ils le sachent bien, le jour où ils seront parvenus à étouffer la foi dans le cœur d'une génération, cette génération ne comptera pas un seul héros dans la vraie et belle acception du mot.

Si les soldats de la révolution et de l'empire ont étonné le monde par leur vaillance, c'est que malgré les fatales doctrines qui les égaraient, l'âme de la vieille France vivait encore en eux.

Il faudra bien des années et bien des efforts pour détruire l'esprit chevaleresque dans le pays de Charlemagne et de saint Louis, et les soldats français seront encore longtemps les dignes fils de ces terribles vengeurs du saint tombeau, qui ne marchaient au combat que la prière aux lèvres et la croix sur le cœur.

SIMON BOUBÉE.

Imp. Balitout, Questroy et Cie, 7, rue Baillif, Paris.